AF309027

MÉMOIRE

Des Négocians François établis en Syrie,

Présenté à l'ASSEMBLÉE NATIONALE de France par M. Jean-Baptiste CROZE-MAGNANT, Négociant, Députe extraordinaire à Paris. mai 1791.

QUE des françois qui avoient été exercer leur industrieuse activité, leur intelligence courageuse dans les échelles d'Acre & de Seyde aient éprouvé les plus horribles vexations de la part d'un pacha, despote subalterne, dont la volonté seule est la loi, & qui ne sait vouloir que des injustices, c'est ce qui affligera sans étonner.

Mais que ces mêmes françois, après avoir été tièdement défendus par l'ambassadeur de France à Constantinople, n'obtiennent pas les justes réparations que, dans des circonstan-

A

ces moins graves, la Porte a efficacement commandé à ses gouverneurs ; qu'ils languissent
tristement exilés dans une échelle voisine, où
on leur donne un asyle chèrement acheté ;
que leurs créances se perdent, que leur fortune s'anéantisse sous l'œil insouciant du ministre qui devroit les défendre, les protéger,
c'est ce qu'on ne peut entendre sans surprise &
sans douleur.

Et si, comme tout l'annonce, non content
de laisser peser sur leurs têtes le malheur qui
les accable, l'ambassadeur de France à Constantinople, M. de Choiseul-Gouffier, a con-
tribué à l'aggraver encore ; s'il a envoyé d'autres
négocians pour s'emparer de tous les avantages
commerciaux, dont les anciens majeurs ont
été dépouillés ; s'il protége en secret, avec
énergie, & publiquement avec succès cet
établissement spoliateur ; s'il souffre que des
françois aient l'audacieuse lâcheté de s'emparer des maisons dont le despotime du pacha
Ahmet Dgezar les a chassés, alors un sentiment d'indignation doit s'élever contre l'ambassadeur, qui a manqué à ses devoirs, &
opéré la ruine de ceux qu'il devoit protéger &
défendre.

Si, non content d'oublier ce qu'il de-

voit à la dignité, à la gloire nationale, en
manquant aux individus, il a encore laissé
outrager l'honneur françois d'une maniere plus
directe & plus insolemment audacieuse, en
souffrant, sans se plaindre, que le mât au
haut duquel flottoit le pavillon national à Acre,
fût renversé, dépécé, abandonné au peuple, &
le pavillon françois livré aux insultes & à l'op-
probre ; si, depuis cet événement, dont il a
été instruit, il n'en a pas dit un seul mot dans
ses dépêches ; s'il n'a pas sollicité de la Porte
Ottomane une vengeance éclatante de l'injure
faite à la nation qu'il a l'honneur de représenter
près d'elle, il mérite la sévere punition destinée
à ceux qui trahissent la cause publique.

Eh bien, ce que nous venons de dire est
arrivé : les négocians de Seyde & d'Acre en
ont été chassés, sans raison, par Dgezar Pacha ; l'ambassadeur de France à Constantinople
ne les a pas défendus comme il le devoit ; il
a mis une autre maison de commerce, protégée par lui, en possession de leurs affaires,
de leurs établissemens, de leurs maisons ; il
a su, sans s'en plaindre, que le pavillon national avoit été abattu, traîné dans la boue,
tandis que la Porte, en tout autre temps, l'eût
purifié par le sang du pacha qui en auroit souffert la profanation.

A 2

Les majeurs de Marseille & leurs régiſſeurs, dans les échelles de Syrie, ont inutilement réclamé juſtice depuis dix - huit mois. Il eſt temps qu'ils l'obtiennent enfin des repréſentans du peuple & du roi ; il eſt temps qu'ils ſoient honorablement rétablis dans leurs maiſons à Seyde & à Acre, après l'expulſion du Viſir inique, qui les a indignement vexés & bannis, après le rappel de l'ambaſſadeur, qui non ſeulement ne les a pas défendus, mais les a abandonnés, & a compromis la dignité du nom françois ; il eſt temps qu'ils obtiennent ſur les biens de Dgezar Pacha, ou ſur ceux de ſes perfides conſeillers, une indemnité des pertes immenſes qu'ils ont ſouffertes : ou ſi des conſidérations, que, dans notre opinion, rien ne devroit faire prévaloir, décidoient la France à dévorer ſilencieuſement l'outrage qui lui a été fait en Syrie, à fermer les yeux ſur le renverſement du pavillon qui portoit les couleurs de la France régénérée, alors les négocians, membres du corps ſocial, & abandonnés par lui dans la réclamation de leurs droits vis - à - vis d'une puiſſance amie, ſont autoriſés, par toutes les lois, à exiger du gouvernement françois les dédommagemens qui leur ſont dus ; & que faute de puiſſance ou de volonté, il ne fait pas acquitter par

(5)

l'état que les traités obligent de les payer.

Telles sont les vérités qui résulteront natu-rellement des faits que nous allons tracer, des principes que nous allons développer. Les faits seront établis sur des pieces authentiques ; les principes sur les lois éternelles de la jus-tice, confirmés par des lois positives, & par l'exemple des décisions rendues en pareil cas par le gouvernement & par l'assemblée cons-tituante.

FAITS.

Parmi les despotes en sous-ordres auxquels la Porte Ottomane vend le droit d'opprimer une portion des peuples qu'elle tient asservis, Ahmet Dgezar, Pacha de Syrie, s'est cons-tamment montré un des plus injustes & des plus cruels.

C'est un devoir sans doute pour les ambas-sadeurs de France à la Porte, & ses autres agens dans les lieux dépendans de l'empire Ottoman, de se ménager, pour l'intérêt de la nation qu'ils représentent, des relations avec ces petits *tyrans*, que le grand seigneur fait dé-positaires de son pouvoir, chacun dans le gou-vernement où il les envoie. Il faut se conduire avec eux comme les anciens persans le faisoient avec le génie du mal; ils l'invoquoient, lui of-

froient des dons & des facrifices, non pour
en obtenir du bien, qu'il n'étoit pas dans fon
effence de pouvoir opérer, mais pour fe pré-
ferver des calamités qu'ils en redoutoient.

M. de Choifeul - Gouffier avoit fuivi fans
doute ces prudentes idées, & il avoit réuffi à
fe concilier les bonnes graces d'Ahmet Dgezar, en fervant même fes intérêts près du
Divan : du moins il eft de notoriété publique, dans le Levant, que l'ambaffadeur de
France a aidé le pacha de Syrie à défarmer
ou à rendre vaine la haine qu'il avoit infpirée à
Mahmet El-Gaze, capitan-pacha : que c'eft fous
pavillon françois, par l'entremife de M. Renaudot, conful à Acre, & à l'adreffe de M. de
Choifeul - Gouffier, qu'Ahmet - Dgezar fit
paffer, lors de la rupture entre la Ruffie &
la Porte, les préfens qu'il vouloit répandre
dans le Divan, & les fonds qu'il devoit pour
le *Miri* (1).

M. Choifeul - Gouffier dit lui - même, dans
une lettre du 17 décembre 1790, adreffée à
la chambre de commerce, qu'il a rendu des
fervices à Dgezar Pacha.

Il fembloit, d'après cela, que les françois

____

(1) C'eft le tribut payé par les Pachas au Grand-
Seigneur fur les contributions qu'ils perçoivent eux-
mêmes dans leurs Pachalis.

devoient se flatter d'une protection plus efficace de la part de l'ambassadeur & des consuls
françois, & que leur influence officielle, jointe
à leur influence personnelle, pourroient leur assurer la liberté du commerce, la sûreté de
leurs personnes, la tranquillité de leurs établissemens, enfin l'exécution des capitulations.

Cependant les régisseurs des établissemens
françois à Acre & à Seyde ont été bien loin de
jouir de tous ces avantages.

L'avide Pacha de Syrie, possesseur de presque toutes les plantations de coton, adjudi-
cataire de toutes les douanes, se reproduisoit
par-tout pour vexer les françois. Il étoit toujours *derriere* ceux avec qui les négocians
avoient à traiter, tantôt pour hausser le prix
des denrées, comme propriétaire, tantôt pour
en défendre la vente aux françois, en qualité
de gouverneur, tantôt pour méconnoître la
validité des *Tefkerets* de Chypre, ou autres
échelles non soumises à sa puissance, afin de
faire payer de nouveaux droits à ses douanes.

On ne parlera pas ici des vexations dont
plus d'une fois les négocians françois ont été
victimes : leurs plaintes étoient adressées directement à M. l'ambassadeur, & *nulle satisf-*

faction ne leur étoit accordée pour le passé ; nul changement ne s'opéroit dans le présent ; nul espoir n'étoit donné pour l'avenir. Ils souffroient en silence : car sous l'affreux despotisme du Pacha, la plainte eût été un crime, & l'auteur de leurs maux les auroit punis d'en avoir laissé échapper le sentiment.

Les propres officiers d'Ahmet Dgezar, trouvant sa tyrannie insupportable, ses concussions révoltantes, formèrent, en 1789, une conjuration contre lui, & *Selim* en devint le chef : il prit le titre de Pacha. La Porte, suivant sa politique accoutumée, laissa Dgezar à ses propres ressources, & protégea, avoua, du moins secrètement, les efforts de *Selim*, dont elle désiroit le succès, pour être débarrassée d'un tyran qu'elle hait & qu'elle redoute. La fortune favorisa quelques momens les efforts de *Selim*, & Dgezar fut près de succomber.

Pendant que le premier s'étoit rendu maître dans Seyde, les françois eurent à faire à la douane un paiement de 1500 piastres, &, comme on le pense bien, le vainqueur s'en empara.

Les négocians ne pouvoient se refuser à payer le droit réclamé par le douanier, en vertu des capitulations. Etrangers à la lutte qui s'étoit établie entre les deux *Pachas* rivaux

& ennemis, acquitter leur dette étoit leur devoir, sans s'embarrasser de savoir au profit de qui tourneroient les fonds, parce que ce n'étoit pas *à tel ou tel individu* qu'ils payoient, mais au gouvernement qui leur donnoit, par l'entremise du douanier, officier public, une décharge légitime, qu'ils pouvoient faire valoir, quelque fut le parti triomphant.

Ce fut celui d'Ahmet Dgezar; il touchoit à sa perte, lorsqu'il eut le bonheur inespéré de vaincre ceux qu'il appeloit des rebelles, & il rétablit son affreux pouvoir en le cimentant du sang de tous ceux qui l'avoient combattu, & qu'il pouvoit craindre encore.

Les françois s'étoient interdit toute part dans les événemens politiques, excepté par des désirs. Pendant que la guerre avoit duré, ils avoient gardé la plus parfaite neutralité, & ils se crurent avec raison en droit d'imputer sur ce qu'ils devoient au gouvernement les 1500 piastres payées à la douane.

Nous avons rapporté ce fait parce qu'on a faussement & injustement prétendu que ces 1500 piastres avoient été prêtées par les françois à *Selim Pacha* pour l'aider à combattre Dgezar, & qu'il importe d'établir; ce qui est vrai & incontestable, c'est que les régisseurs de Syrie ne pouvoient pas, lorsqu'ils devoient des droits à la douane, prétendre s'en affranchir, ou même en retarder le paiement, jusqu'au moment où le sort auroit décidé entre les deux concurrens. Ils ne pouvoient dire au douanier : « *Attendez que l'un ou l'autre adversaire ait été terrassé, & nous paierons au vainqueur* ». Le douanier leur eût répondu : « *Les débats, les divisions intérieures de l'état ne vous intéressent pas ; étrangers, admis par le gouvernement à commercer dans ces Echelles, à la charge de payer des droits, exécuter les capitulations & rester neutres, voilà quelles sont vos obligations & votre intérêt* ».

Il est donc certain d'un côté que les régisseurs d'Acre & de Seyde n'ont trempé en aucune maniere dans la conjuration contre Dgezar Pacha ; de l'autre, qu'étrangers à ce qui s'est passé entre *Selim* & lui, ils ont dû payer à la douane, & faire valoir leurs reçus près du gouvernement, quelque fût celui qui par le sort de la guerre avoit profité du montant des droits, parce qu'il avoit été le plus fort un moment.

Il n'y avoit rien là qui pût faire croire même au tyran le plus soupçonneux que les françois eussent été ses ennemis, & c'est dans cette persuasion intime qu'ils insisterent près de M.

Renaudot, conful, pour qu'il leur fût tenu compte des 1500 piaftres.

Agir autrement eût-été donner prife fur eux, & faire croire en effet à leur complicité avec Selim.

Le paiement des 1500 piaftres avoit été public & notoire, & certes le Pacha ne pouvoit l'ignorer. Si les françois l'euffent diffimulé, c'eft alors que Dgezar, ayant à la main des preuves faciles à acquérir, puifque l'acquittement avoit été légal & conftaté dans les formes accoutumées, auroit dit aux françois : *Vous êtes des confpirateurs qui avez fourni des fubfides à mes ennemis.*

Ce raifonnement fi fimple n'auroit pas dû échapper à la fagacité de M. l'ambaffadeur ; & s'il l'eût fait, il n'auroit pas, dans fa dépêche, adreffée le 17 décembre 1790 à la chambre du commerce de Marfeille, reproché aux régiffeurs françois de n'avoir pas déguifé leur conduite, de n'avoir pas tu un paiement fait de bonne foi & d'après les traités. Il fe feroit rappelé que même avec les barbares & les defpotes, la probité, la droiture font les caracteres diftinctifs des négocians françois, & qu'ils ont toujours gagné à les déployer, lorfqu'ils n'ont pas été abandonnés du gouvernement de leur pays, foit par trahifon, foit par foibleffe ou par incurie.

Quoi qu'il en foit, les régiffeurs de Syrie s'adrefferent à l'ambaffadeur de France par plufieurs mémoires, pour obtenir, par la médiation & par l'intervention de la Porte, juftice de plufieurs vexations qu'on leur avoit fait éprouver.

M. l'ambaffadeur de France reconnut la juftice des plaintes des françois, & s'adreffa au Réis-Effendi pour les faire valoir. Si on en croit les dépêches de M. Choifeul-Gouffier, il trouva dans ce miniftre les difpofitions les plus favorables. Il offrit de laiffer dicter par l'ambaffadeur de France lui-même les firmans les plus énergiques contre Dgezar, & de les faire porter par un Capidgy-bachi, efpece d'officier chargé ordinairement de ces miffions dans les circonftances les plus importantes. Mais des obfervations du Réis-Effendi porterent M. l'ambaffadeur à préférer de faire adreffer à Dgezar Pacha, par le Caïmacan, une lettre énergique, pour lui enjoindre de reparer les injuftices dont les françois s'étoient plaints.

Cette mefure, foible & timide, devoit être & fut effectivement infructueufe ; Dgezar,

fans égard pour la dépêche du Caïmacan, per-
févéra dans fes procédés, & appefantit fa verge
fur les françois.

Un Capidgi-bachi avoit été envoyé par le
gouvernement pour des affaires particulieres
d'adminiftration ; le Réis-Effendi le chargea
particulierement, à l'infu de l'ambaffadeur,
de ramener, s'il lui étoit poffible, le terrible
Dgezar à des difpofitions plus favorables aux
françois. Mais on fent que cette nouvelle détermination mefquine, & plus pufillanime
encore que la précédente, ne pouvoit qu'ir-
riter le tyran, & non le faire changer de fyftême. Elle produifit cet effet, & le Pacha pa-
rút plus que jamais intraitable, fans que nul
prétexte de la part des régiffeurs ait pu colorer
fes injuftices de l'apparence même d'un reffentiment motivé.

Les négocians françois de Syrie ignorent
quels débats particuliers ont pu s'élever à
cette époque entre M. Renaudot, conful à
Acre, protégé ouvertement par M. l'ambaffadeur, & Dgezar Pacha.

Ils favent feulement, par M. l'ambaffadeur
lui-même, qu'il écrivoit, à cette date à peu
près, une lettre particuliere à Dgezar Pacha,
pour le calmer & lui rappeler quelques fervices

qu'il lui avoit rendus précédemment. Il ne leur a point envoyé copie de cette lettre ; & M. Renaudot, soit qu'il l'ait eue ou non, ne leur en a point fait connoître la teneur.

Sur ce point, on observe que par sa lettre à Dgezar, & par l'entremise de M. Renaudot, il est possible que M. de Choiseul - Gouffier assurât le Pacha, pour le rendre d'autant plus favorable aux françois, *pour le calmer*, comme il le dit lui-même, de ses bonnes dispositions, du soin qu'il avoit mis à empêcher l'expédition d'un firman, & l'envoi d'un Capidgi-bachi, que les plaintes des françois sembloient nécessiter. Il est probable encore, car ainsi nous sommes réduits à conjecturer que le Capidgi-bachi, ayant parlé, à cette époque, des réclamations des régisseurs, sans que M. Choiseul en fût prévenu, & conséquemment sans qu'il eût rien dit ou fait dire à Dgezar par M. Renaudot, le féroce Pacha ait regardé ce silence, & l'envoi du Capidgi-bachi comme une sorte de trahison de M. l'ambassadeur & du consul, & ait voulu s'en venger sur ce dernier.

Quoi qu'il en soit, le 21 septembre dernier un écrivain du sérail est introduit chez M. Renaudot, consul, pour le prévenir que

le Pacha est résolu de le faire assassiner s'il
ne sort au plutôt de son département.

Cet étrange avis ne parut pas suffisant à M.
Renaudot pour le déterminer à quitter le
poste où la confiance du gouvernement l'avoit
appelé, il resta à Acre.

Le 5 octobre au matin un autre écrivain
vint lui donner le même avis, & le soir il
lui fut notifié un ordre précis de sortir du
département soumis à Dgezar, dans les 24
heures.

Cette injustice affreuse, cette injure grave
faite à la dignité du nom françois, ne pouvoit dans ce moment qu'être dévorée en silence, puisque nulle réclamation n'étoit possible.

M. Renaudot & sa sœur demeurante avec
lui sortirent d'Acre le lendemain 6 octobre,
de grand matin, à pied, n'emportant avec eux,
faute de moyens de transport, que les habits
qui les couvroient. A quelque distance de la
ville, ils montèrent sur des bouriques, & se
réfugièrent au couvent des religieux du Mont-
Carmel, distant d'Acre de trois heures de
chemin.

Le 7 ils se jettèrent dans un bateau qui les
conduisit à Jaffe.

On peut juger de l'effet que produisit sur les françois l'expulsion de l'homme à qui leur nation avoit donné un caractere public pour les protéger & les défendre. Ils savoient bien n'avoir nuls torts à se reprocher vis à vis du Pacha. Mais cependant ce premier coup d'éclat pouvoit être l'avant-coureur d'un autre orage prêt à éclater sur les françois. Incertains si l'expulsion de M. Renaudot venoit de quelques motifs qui lui fussent personnels, ou si elle étoit un moyen mis en usage pour persécuter & opprimer ensuite avec plus de facilité les négocians dépourvus de conseil & privés de leur premier défenseur, ils se bornerent à gémir en silence, à attendre du temps & de leur patrie la vengeance de cet attentat, & résolurent de mettre la plus grande circonspection dans leur conduite.

Elle étoit d'autant plus nécessaire que dès le jour même du départ du consul, quelques circonstances particulieres avoient paru annoncer le désir de faire naître quelques discussions, pour en prendre occasion de vexer les régisseurs françois.

C'est ainsi que le jour même du départ du consul le cadi vint notifier aux françois que le Pacha ne vouloit pas qu'on nourrît des pourceaux

pourceaux dans la cour du Kam (1). On fa-
tisfit à l'inftant à cette ridicule fantaifie, on
expulfa ces animaux.

En même temps le Cadi demanda au nom
du Pacha la caufe du départ de M. Renaudot;
& joignant la fauffeté à l'injure, il s'informa
fi c'étoit pour affaire, maladie, ou par mé-
contentement.

— Ces queftions étoient fans doute un piége
pour engager un débat, & porter la nation
Françoife à s'épancher en plaintes contre le
traitement fait au Conful. Elle évita l'embuche,
& répondit feulement qu'elle ignoroit les motifs de M. Renaudot.

Peu après, le Cadi & fes fatellites, le douanier & fes écrivains fe préfenterent pour faire
l'inventaire de la maifon du Conful. Cette démarche, inouie jufqu'alors, violatrice des traités, ne pouvoit tendre également qu'à animer
le reffentiment des François, & les porter à le
manifefter, ou à s'oppofer à l'exécution des

---

(1) Le Kam eft une vafte enceinte ifolée dans la
ville, & autour de laquelle font les établiffemens françois. On peut le comparer aux enclos de S. Martin,
de Saint-Jean-de-Latran, ou au marché d'Agueffeau à
Paris.

B

ordres de Dgezar. Mais ils se continrent encore, se bornerent à faire des observations mesurées sur les droits de la nation, à offrir de payer pour le Consul tout ce qu'il pouvoit devoir ; puis, cédant à la force, ils ouvrirent enfin la maison consulaire, sur la réitération des ordres absolus du Pacha.

Ce qui prouve qu'on ne vouloit que causer quelque différend, c'est qu'on ne fit point inventaire des meubles & effets du Consul. Le Cadi & les assistans se bornerent à prendre la note de quelques meubles, & du contenu de deux ou trois coffres, en présence de témoins françois ; puis ils se retirerent, exigeant une attestation qu'ils n'avoient rien soustrait.

Cette opération fut terminée par une harangue du Cadi, dans laquelle il assura la nation Françoise de la bienveillance du Pacha, lui dit *que Dgezar la chérissoit à l'égal de ses propres sujets ; qu'en conséquence les régisseurs françois pouvoient vaquer librement & sans crainte à leurs affaires, & compter sur la protection du gouvernement.*

Ces détails sont précieux à recueillir ; ils prouvent combien seroient faux & calomnieux tous les exposés, qui tendroient à faire croire que les négocians françois ont provoqué les iniques traitemens qu'ils ont essuyé. Ils tendent à les mettre à l'abri du reproche d'avoir mérité leurs malheurs personnels, & de celui plus pénible encore pour des cœurs vraiment françois, d'avoir provoqué les injures multipliées dont la France a été l'objet.

On va voir quel fond on devoit faire sur les paroles données par le Cadi au nom de Dgezar. Un négociant, ayant un établissement à Seid, voulut faire venir d'Acre son livre de raison, pour mettre en ordre ses écritures, on en défendit l'embarquement.

En même instant, on s'opposoit, au nom du Pacha, à l'embarquement des effets de M. Renaudot pour Jaffe ; puis, modifiant son premier ordre, Dgezar consentit à l'expédition, mais à condition que le Consul françois lui enverroit, 1°. une déclaration portant qu'il s'étoit éloigné de son plein gré librement, un récépissé de ses meubles & effets, même avant de les avoir reçus.

La sagesse, la modération avec laquelle les françois négocièrent, firent rougir le Pacha de son injustice, ou l'alarmerent sur ses suites ; il leva les oppositions, & les effets furent portés à bord. Telle est la position des négo-

ciens, sous la tyrannie de Dgezar, qu'il faut
traiter pour se soustraire à une vexation, &
employer en douceur & en moyens concilia-
teurs tous les efforts d'une ame qui, révoltée
justement de l'oppression, voudroit se livrer à
toute son énergie pour la repousser.

La nation Françoise fut assez tranquille depuis l'époque de l'expédition faite au Consul,
jusqu'au 17 octobre. Ce jour-là, le même écrivain du Serrail, qui avoit signifié au Consul,
de la part du Pacha, l'injonction de sortir de
son département, vint notifier *à la nation
Françoise d'Acre l'ordre de sortir des échelles
d'Acre & Seid.*

Pour sentir toute l'atrocité d'une pareille
vexation, il faut savoir quelle est la position
des François dans les échelles de Syrie.

Ils n'y sont point comme de simples *forains*,
n'ayant que des relations passageres, ne faisant que des marchés ou des échanges, con-
sommés à l'instant même, & qui ne laissent
après eux ni traces, ni discussions à régler, ni
comptabilité.

Ils y ont des établissemens de temps immé-
morial, des maisons en propriété; ils vendent
& achetent à crédit; ils font des avances à
ceux qui leur livrent des matieres premieres,

(21)

ou des denrées ; ils en font aux ouvriers qui
les mettent en œuvre : de forte que toujours
les *majeurs* de Syrie font *à découvert* de fommes confidérables qui leur font dues fur le
pays, & dont les régiffeurs feuls peuvent pro-
curer la rentrée, à l'aide des *Cenfaux* (cour-
tiers) qu'ils emploient ; ces *Cenfaux* font pref-
que toujours des naturels du pays, mais font
incapables de rien faire pour ceux auxquels
ils font attachés, lorfqu'ils font abfens, fans
moyens de les faire agir, & de les furveiller.

Un coup-d'œil fuffit aux François pour en-
vifager tout le malheur de la pofition à laquelle
on les réduifoit. Mais dans l'impuiffance de
réfifter au defpote qui les opprimoit, ils fe
bornerent à demander un délai fuffifant pour
que les François puffent régler leurs affaires fur
le pays.

L'écrivain du Serrail porta cette demande
au Pacha, qui, infultant par une dérifion
odieufe aux malheureux qu'il faifoit, répondit
*qu'il accordoit trois jours aux négocians pour
mettre ordre à leurs affaires, et leur permettoit de laiffer après eux quelques commis pour
leur expédier, dans l'espace de huit jours, leurs
marchandifes, livres, meubles, &c., aux
échelles qu'ils auroient pris pour afyle.*

Cependant il étoit impossible de quitter Acre aussi rapidement, puisqu'il falloit des bâtimens pour transporter les meubles, les marchandises & les hommes, & qu'on ne pouvoit en freter aucun à cette époque. Un seul petit bâtiment françois, commandé par le capitaine Guirard de Saint-Tropez, étoit dans le port ; mais déjà chargé de pélerins & de ballots, il ne pouvoit que conduire des négocians à Jaffe, mais non leur servir au transport de leurs propriétés.

Diverses scènes particulieres ajoutoient encore à l'atrocité de la conduite de Dgezar.

Il forçoit la nation à reconnoître qu'elle n'avoit rien à demander ni à exiger de la douane, quoiqu'elle fût débitrice des François.

Il réclamoit un paiement de mille piastres, pour fausses évaluations de marchandises prétendues faites depuis trois ans.

Il vouloit faire payer dix-neuf cens piastres pour des huiles achetées, mais acquittées par MM. Mazoilier, &c., quoiqu'on en eût prouvé le paiement.

Il exigeoit que la nation consentît la saisie de ces mêmes huiles.

Il prétendoit qu'on lui représentât un Bou-

yourdi qui le conſtitue débiteur de 6506 piaſ-
tres, pour l'anéantir.

Il contraignoit à remettre les clefs des maiſons appartenantes aux François en toute propriété.

Il s'emparoit des romaines qui étoient à
eux, parce qu'en les expulſant, il avoit encore beſoin de cet inſtrument, le ſeul avec
lequel on puiſſe peſer les marchandiſes dans
les échelles.

Il n'épargnoit pas non plus les violences envers les individus.

Un négociant attendoit à Acre ſon frere,
étranger à l'échelle, & qui venoit le viſiter,
il ne veut pas le laiſſer entrer dans la ville,
d'après les diſpoſitions malveillantes du Pacha.
Il ſort à cheval pour aller au-devant de lui,
& le faire rétrograder. Un Janiſſaire l'eſcortoit.
A peine arrivé à Sour (1), ſix Délis, envoyés
par Dgezar, s'emparent du Janiſſaire, qui,
dit-on, a été pendu, pour avoir eſcorté un
François.

Un autre négociant, craignant des obſtacles pour la ſortie d'Acre, vouloit partir ſeul

____

(1) Petite ville de Syrie, bâtie ſur les débris de
l'ancienne Tyr.

B 4

& à pied : on l'arrête, à la porte de la ville ; vainement il dit qu'il va à la promenade ; le despote ne le veut pas, & il est forcé de rentrer.

Ainsi, tandis que, d'un côté, on ordonnoit aux François de s'éloigner, de l'autre, on enchaînoit leurs pas, pour avoir le temps de les accabler par des vexations ; & Dgezar prétendoit motiver sa conduite, en disant, pour derniere résolution, qu'il ne vouloit pas que les François sortissent sans avoir tout ôté de leurs maisons.

Onze chefs d'établissement étoient donc à la merci du tyran avec toute leur suite ; chacun d'eux auroit eu besoin d'un bâtiment à lui seul pour tout transporter, & il n'y en avoit pas un seul de France. On prit le parti de freter, à grands frais, tous les bâtimens du pays qui se présenterent ; on les chargea à la hâte, & avec le désordre que traînent après eux la précipitation & la crainte ; enfin, le 26 octobre, la nation Françoise d'Acre se trouva prête à partir, & quitta l'échelle.

Il étoit impossible que cette commotion, & les maux qui en étoient inséparables, ne devinssent pas communs aux négocians de Seïd, & qu'ils ne fussent pas associés aux malheurs de leurs compatriotes.

(25)

En effet, la conftitution des *échelles* permet aux négocians de Syrie d'avoir indiftincte-ment des établiffemens à Seïd ou à Acre, & même dans les deux *échelles* à la fois. Par une fuite de cette liberté, quatre négocians de Seïd réfidoient à Acre, & deux négocians d'Acre étoient établis à Seïd. Tous avoient leurs commis, les repréfentant dans l'échelle où ils ne réfidoient pas.

Les quatre premiers fe trouvoient compris dans le premier ordre d'expulfion, & les deux derniers furent également obligés de partir, d'après l'injonction portée dans le *Bouyourdi*[*], dont nous allons parler dans un moment, en rendant compte de ce qui fe paffa à Seïd.

A peine les régiffeurs d'Acre eurent - ils reçu l'ordre de s'éloigner, qu'ils expédierent un courrier à ceux de Seïd, pour les en inf-truire. Il arriva le 19 octobre.

On débarquoit à ce moment des marchan-difes venues de Marseille par le brigantin *Le nouvel Augufte*, capitaine Pierre Eyffren.

Une portion de ces marchandifes étoit def-tinée pour Tripoli, l'autre pour Seïd même, & la troifieme pour Acre. Cette derniere partie

---

[*] Dépêche du Pacha.

se mettoit dans des bateaux, pour être rendue
à sa destination. La nouvelle de l'expulsion fit
tout suspendre, le débarquement fut arrêté,
le bâtiment retenu ; & les négocians de Seid,
voyant bien qu'ils ne pouvoient qu'être associés au sort de leurs compatriotes, se déci-
derent à partir avec eux.

Ils prévinrent le Mutsellem qu'ils alloient
remettre à bord du *Nouvel Auguste* toutes leurs
marchandises, & s'éloigner avec les mêmes
bâtimens.

Cet officier, étonné d'un événement, sur
lequel il n'avoit reçu aucun ordre, pria les
François de suspendre l'effet de leur résolution, & expédia au Pacha un tartare, pour
prendre des instructions qui dirigeassent sa conduite.

Le douanier fit partir en même temps un
courrier, pour savoir comment il devoit se
conduire pour les marchandises déjà mises à
terre par les François, & lors de l'embarquement qu'ils vouloient faire de celles qui étoient
dans leurs magasins.

Le préposé de la douane reçut le premier
la réponse du Pacha. Elle lui disoit de laisser
partir les François, de percevoir les droits sur
les marchandises débarquées, en leur déli-

grant des *teskérets*, & de permettre la libre
disposition de celles mises sur des bateaux.

D'après cette autorisation, dont le Mutsellem voulut pourtant suspendre momentané-
ment l'effet, mais à laquelle il céda bientôt,
les marchandises nouvellement arrivées, &
les autres effets des François furent mis à bord
du brigantin du capitaine Eyffien, & de plu-
sieurs autres bâtimens ou bateaux, qui furent
chèrement nolisés.

Les naturels du pays voyoient avec désef-
poir s'éloigner la nation Françoise. Toujours
paisible & bienfaisante, elle s'étoit fait aimer
par sa douceur, & par les services qu'elle avoit
rendus. Six mille fileuses, & un nombre proportionné d'ouvriers, vivoient du travail que
les négocians leur procuroient, & la misere la
plus profonde devoit être pour eux la suite nécessaire de l'éloignement des François. Aussi,
le Mutsellem, dans un discours qu'il adressa
au *Drogman* rendit-il hautement témoignage
à la conduite des régisseurs, manifesta les plus
vifs regrets & l'espoir que cet acte de la tyrannie de Dgezar seroit le dernier, & provo-
queroit la punition de tous les autres.

Mais à quoi pouvoit servir l'impuissante
bienveillance d'un peuple misérable, opprimé

lui-même par le defpote? fe plaindre en fecret,
& trembler devant l'oppreffeur : voilà fon
fort.

Le 25 octobre l'embarquement étoit achevé,
les négocians alloient partir, lorfque le tartare
envoyé à Dgezar revint avec un *Bouyourdi*
nouveau.

Le Pacha y déclaroit ; « N'avoir aucune-
» ment à fe plaindre des François établis à
» Seid ; qu'ils pouvoient y refter tranquilles,
» vendre, acheter, vaquer à leurs affaires,
» &c ; mais quand aux François d'Acre, il
» avoit eu des motifs pour les chaffer ; &
» que s'il s'en trouvoit à Seid, on eût à
» les faire partir inceffamment ».

Il s'en trouvoit en effet quatre, comme nous
l'avons dit, & deux autres négocians de Seid
réfidoient à Acre, ce qui faifoit qu'en exécu-
tant les ordres du Pacha, il ne feroit plus
refté que quatre établiffemens.

Mais les régiffeurs qui les adminiftroient,
ne pouvoient ufer de la permiffion que leur
donnoit Dgezar, fans paroître approuver
l'horrible traitement fait à leurs compatriotes,
& fur-tout fans compromettre la confidération,
la dignité du nom François. Il parut à tous
ceux qui le portoient, bien plus digne d'eux

& de leur patrie, de s'éloigner tous *ensemble* pour rentrer *ensemble* également, après avoir obtenu par l'entremise du gouvernement une réparation éclatante, proportionnée à l'injure & aux pertes, & la punition du tyran qui les avoit opprimés.

D'après cette résolution juste & généreuse, les François de Seïd, le Vice-Consul & sous-*Drogman*, partirent les 25 & 26 octobre, les uns sur les bâtimens nolisés, les autres par terre, le même jour que les régisseurs d'Acre s'éloignoient de cette échelle, & se réunirent à Tripoli de Syrie, ou se rendirent à Jaffe.

Ils étoient en tout trente-six François, sans y comprendre les femmes des négocians; un agent résident à Sour, les Barathaires, les enfans, les domestiques, & enfin quelques familles vivant des bienfaits de la nation, connues pour lui être attachées, & que la haine du Pacha auroit poursuivi & ruiné par des *avanies*.

Nous avons été forcés d'entrer dans quelques détails sur les motifs qui ont décidé la sortie des François de Seïd, malgré les promesses contenues dans le *Bouyourdi*, adressé par Dgezar au *Mutsellem*, afin de répondre à l'avance à ceux qui prétendroient qu'ils pouvoient rester dans cette échelle , & nous sommes convaincus que le récit simple & vrai des circonstances suffit pour prouver que l'honneur françois, l'intérêt bien entendu du commerce en général, enfin l'intérêt même des individus existans dans les échelles d'Acre & Seïd, ne leur permettoient pas de séparer leur sort, & de rester en partie sous la verge du tyran, pendant que l'autre auroit subi l'exil auquel il l'avoit condamné.

Il est aisé de se faire une idée de la perte immense qu'a occasionnée aux François le déplacement de leurs fortunes & de leurs personnes, les frais de transport qu'ils ont payés, enfin le préjudice qui résulte pour eux de l'abandon absolu de leurs affaires, & de la cessation de leurs recouvremens, dans un pays où, comme nous l'avons dit, ils vendent presque toutes leurs marchandises à un terme plus ou moins long, & ils font aux fermiers de Dgezar cultivateurs, & aux ouvriers, des avances continuelles & considérables.

Des effets d'une valeur importante sont demeurés sur les échelles , parce que dans l'impossibilité de tout transporter, il a fallu choisir & prendre les plus précieux.

Les *Gensaux* ne peuvent exiger les remboursement des sommes dues aux François, parce que de fortes *avanies* les puniroient des démarches qu'ils tenteroient pour les faire rentrer.

Tel est pour les *majeurs* de Syrie le résultat désolant de l'injuste expulsion que Dgezar a osé prononcer contre eux.

Les négocians François, arrivés à Tripoli, se hâterent de faire parvenir leurs réclamations à M. l'Ambassadeur de France à Constantinople ; & en cas qu'il fût absent, ils joignirent une dépêche aux Députés de la nation Françoise dans cette ville. Ces pièces portées par un *Olak*, expédié exprès, & datée du 13 décembre 1790, contenoient le détail que nous venons de présenter, la demande d'une réparation prompte, de dédommagemens proportionnés, & sur-tout la punition des deux freres *Sacrouch*, agens du *Pacha*, de *Mahamet-Chab*, chef des marchands, du *Cadi* d'Acre, & du juif *Chamüel*, tous instrumens ou provocateurs des iniquités de Dgezar.

De leur côté, les négocians retirés à Jaffe, où M. Renaudot, Consul d'Acre, avoit luimême cherché un asile, se réunirent chez lui le 28 octobre, & lui firent un exposé précis de la conduite de Dgezar, dont le Consul

dreſſa procès-verbal. Ils concluoient, comme
leurs compagnons d'infortune, à la punition
de Dgezar & de ſes conſeils, & à des dédommagemens.

Les réfugiés de Jaffe firent enſuite paſſer
copie du procès-verbal à leurs compatriotes
retirés à Tripoli, qui l'adreſſerent, comme
ils avoient fait leur propre mémoire, aux
Députés de la nation Françoiſe à Conſtantinople, avec une lettre d'adhéſion, en date
du 9 octobre 1790.

Les Députés de la nation Françoiſe à Conſtantinople & l'Ambaſſadeur reçurent en même
temps les dépêches des négocians de Syrie.

M. de Choiſeul - Gouffier leur répondit le
29 décembre. Il paroît, par ſa lettre, avoir
ſenti vivement l'affront fait au nom François,
& le malheur de ceux qui en avoient été l'objet direct. Il annonce que l'importance de l'affaire, la néceſſité de la ſuivre a été *le motif
de la continuation de ſon ſéjour à Conſtantinople*, dont un congé lui permettoit de s'é-
loigner. « Il dit avoir remis à la Porte un mé-
» moire très - détaillé, qui a été pris dans la
» plus haute conſidération, & mis directement
» ſous les yeux de ſa Hauteſſe, qui la fait com-
» muniquer au *Check-iſlam*, pour avoir ſa dé-
ciſion

» cifion : forme qui ne s'emploie que
» pour les affaires de la plus haute impor-
» tance ». Enfin, il finit par dire, « qu'il
» fuivra avec la plus grande activité une affaire
» qui intéreffe auffi effentiellement la confidé-
» ration nationale, & qu'il la regardera comme
» l'objet le plus important dont il puiffe être
» chargé ».

On voit que, dans le premier moment, M. l'Ambaffadeur s'empreffa de convenir de l'importance de l'affaire, & de la néceffité de la fuivre avec autant de célérité que de chaleur & d'énergie.

Il en avoit écrit, dans les mêmes termes, dès le 17 décembre, à la Chambre du commerce de Marfeille, en lui promettant tous fes foins & tout fon zele pour obtenir aux François de Syrie l'éclatante réparation qui leur étoit due.

Dans le premier moment, & avant la décifion de la Porte, dont nous parlerons tout à l'heure, il fe borna à envoyer aux négocians réfugiés à Tripoli & à Jaffe des recommandations du *Grand-Seigneur*, du *Grand-Muphti* & du *Caïmacan* pour le *Mella* de Jérufalem & le *Muphti* de Jaffe, afin qu'ils protégeaffent efficacement la perfonne & le com-

C

merce des victimes de l'injustice de Dgezar, Pacha.

Nous allons voir actuellement à quoi ont abouti les démarches effectives de l'ambassadeur, & si l'honneur françois, indignement outragé, a obtenu la réparation que jamais, dans des circonstances moins graves, la Porte n'a refusé au gouvernement, ou à ses agens.

Le Ministere de France sentit combien il devoit mettre de vigueur dans ses démarches; car dès qu'il fut instruit de l'événement, M. Fleurieu, lors Ministre de la Marine, reçut ordre du Roi d'enjoindre à l'Ambassadeur de France *de demander la destitution de Dgezar, & des indemnités proportionnées aux pertes de la nation.* Le Ministre doutoit si peu que sa réclamation fût accueillie par la Porte, qu'il écrivoit, dans le même temps (le 22 janvier 1791), à M. Beaussier, vice-Consul à Seid, d'inviter les négocians à faire à l'avance l'état de leurs pertes, *pour qu'on connût la mesure à donner à l'indemnité.*

Ainsi, outre le sentiment de justice qui devoit porter M. de Choiseul-Gouffier à agir efficacement près de la Porte, il avoit en outre des ordres précis de sa cour, qui lui traçoient

la marche, & fixoient la nature & l'étendue
des demandes qu'il devoit préfenter au Grand-
Seigneur.

Il y a plus ; de nouveaux motifs devoient
encore échauffer le zele de M. l'Ambaffadeur.

Dgezar, ayant expulfé de fon gouvernement tous les négocians françois, auroit dû,
ce femble, être fatisfait, & ne pas étendre
plus loin fa vengeance. Cependant il les pour-
fuivit fecretement jufqu'à Tripoli & à Jaffe ;
il chercha à leur créer des ennemis dans la
premiere de ces échelles. Il fouleva la quef-
tion de favoir fi on avoit pu y recevoir les
François fans une expreffe permiffion du Grand
Seigneur ; & peu s'en fallut qu'ils ne fuffent
obligés de s'éloigner de ce refuge.

Irrité de ce qu'à Jaffe les religieux avoient re-
cueilli les François exilés & fans afile, il vouloit
avanifer les religieux de Jérufalem, pour fe
venger de l'humanité de leurs confreres ; & les
Négocians retirés à Jaffe auroient été obligés de paffer dans une autre échelle, fi le
Firman, adreffé au Muphti, ne fût venu heu-
reufement leur éviter la honte & les pertes d'un
déplacement nouveau.

Nous rapporterons à leur date d'autres faits
que M. Choifeul - Gouffier ne pouvoit con-

noître lors de l'obtention du Firman dont nous
allons parler. Mais, comme on le voit, il
en savoit assez pour faire des demandes énergiques, & les soutenir avec vigueur.

Les Négocians de Syrie devoient donc
compter qu'une mesure imposante, & vraiment
satisfactoire, seroit prise par la Porte, & qu'ils
rentreroient bientôt honorablement dans le
gouvernement de Dgezar, après avoir obtenu,
ou avec la certitude d'obtenir la réparation de
leurs injures, & le dédommagement de leurs
pertes.

Enfin, au mois de février, *à ce qu'il paroît*, M. l'Ambassadeur, chargé par sa cour
d'obtenir la destitution de Dgezar, informé
par les Négocians que cette mesure seule pouvoit assurer leur retour dans les Echelles de
Seid & d'Acre, sans compromettre leurs
fortunes & leurs vies, se contenta d'un *Firman* que la Porte lui accorda.

Les dispositions de ce Firman sont remar-
quables, & il importe de les analyser.

Le préambule justifie entierement les Négocians françois, puisque, rapportant les sujets de plaintes portées contre eux par *Dgezar* dans un mémoire adressé par lui à la Porte,
pour faire l'apologie de son odieuse conduite,

le Firman ne parle que d'inculpations vagues,
n'articule que de prétendus mauvais procédés
vis-à-vis des Cultivateurs, des tentatives pour
les porter à embraffer le catholicifme, & autres reproches auffi miférables dans leur valeur, fuffent-ils réels, que dépourvus de fon-
dement.

Mais ce qu'il eft particulierement effentiel
de faire obferver, c'eft que les griefs arti-
culés par *Dgezar datent de plufieurs années
avant la guerre*; ce qui contrarie formellement l'opinion manifeftée par M. l'Ambaffadeur, que les intelligences des régiffeurs avec
le rebelle *Sélim* avoient aigri & irrité Dgezar.

Dans l'expofé des faits, le Firman diffimule
une partie de la vérité. Il ne dit pas que les
François ont été obligés de quitter Acre, en
vertu d'un ordre exprès du Pacha. Il annonce
feulement qu'*ils ont été vexés & molleftés au
point de les obliger d'abandonner les terres du
Gouvernement de Syrie*. Ce tort feroit encore
très-grave; mais il l'eft moins cependant que
celui de l'expulfion formelle prononcée impérieufement par le Pacha. Eft-ce M. l'Ambaffadeur qui n'a pas dit affez clairement toute
la vérité? Eft-ce la Porte qui en a caché une

partie? C'est-ce que nous ignorons. Mais le
Représentant de la Nation près du Grand-Seigneur n'auroit pas dû permettre, sans réclamation, que la négociation réparatrice s'éta-
blît sur d'autres bases que les faits réels & cons-
tatés. Ce ne sera pas le dernier reproche qu'on
aura à lui faire. Poursuivons.

Dans ce que nous pouvons appeler le *dis-
positif du Firman*, le Grand-Seigneur déclare
au Pacha qu'il regarde le nommé Mehmed-
Chab & les deux frères Sacrouch comme les
instigateurs des injures faites aux François. Il
ajoute : « Vous ferez essuyer à ces trois misé-
» rables le châtiment public qu'ils ont mé-
» rité. Vous aurez soin de leur faire payer
» tous les dommages occasionnés aux Fran-
» çois par leur déplacement ; & je vous or-
» donne expressément.....que vous donniez
» toute satisfaction au Consul & aux Négo-
» cians François; que vous fassiez tous vos
» efforts pour les ramener, pour les persua-
» der qu'ils jouiront désormais de toute sûreté
» & tranquillité, pour leur inspirer de la con-
» fiance, & dissiper leurs craintes... Vous em-
» ployerez tous les moyens possibles pour les
» faire retourner chacun dans leur établissement,
» & leur ferez ressentir les effets de la protec-

» tion la plus active . . . . Vous vous confor-
» merez au contenu de la lettre qui vous a été
» écrite par le *Caïmacan* . . . Vous ne négli-
» gerez ni peine ni soins pour terminer cette
» affaire . . . . Vous vous rappellerez bien que
» si vous ne donnez pas toute satisfaction aux
» François, vous encourrez ma disgrace. Vous
» devez, de quelque maniere que ce soit,
» dissiper les craintes du Consul & des Né-
» gocians François; les engager à revenir des
» endroits où ils sont dispersés, & les con-
» tenter par vos prévenances . . . Vous vous
» donnerez bien de garde de vous rendre dé-
» formais coupable envers les François de
» procédés si contraires aux capitulations im-
» périales . . . . Vous serez sur vos gardes de
» ne pas encourir mon indignation, en osant
» vous permettre le moindre manquement ou
» la moindre apparence de négligence dans
» l'exécution de mes ordres ».

Après avoir parcouru le Firman que nous
venons d'extraire, la pensée se reporte rapidement aux ordres donnés à l'Ambassadeur
par la Cour de France, pour comparer ce
qu'il a obtenu avec ce qu'on lui avoit ordonné
de demander.

L'ordre du Ministre lui enjoignoit de solliciter la deſtitution de Dgezar, la réparation des pertes eſſuyées par les François, & leur réintégration dans leur établiſſement.

Sur le premier point, M. de Choiſeul-Gouffier a préſenté trois obſtacles qui s'oppoſoient à ce qu'on expulsât Dgezar de ſon Gouvernement.

1°. Un motif de Religion, parce que Dgezar étoit en ce moment chargé par la Porte de conduire la Caravane de la Mecque; & en effet, les Muſulmans ont un religieux reſpect pour tout ce qui tient à l'accompliſſement de cet acte de dévotion, commandé par leur loi. Mais jamais ce ſentiment n'a arrêté l'effet de leurs meſures politiques, ni ſauvé des coupables du châtiment qu'ils méritoient.

2°. La guerre de la Porte avec la Ruſſie ne laiſſoit pas à cette premiere puiſſance les moyens de réduire à la ſoumiſſion le féroce Dgezar, qui n'auroit pas cédé ſans réſiſtance ſon emploi & ſes tréſors, & qui auroit mieux aimé expoſer ſa tête par une rébellion ouverte.

Mais ſi la Porte n'avoit pas de moyens perſonnels, la France pouvoit l'aider de ſes forces maritimes, & en impoſer au Pacha aſſez pour le déterminer à l'obéiſſance.

3°. M. de Choiſeul a penſé qu'il valoit

mieux ſe borner à intimider Dgezar, en lui offrant cependant le moyen de réparer ſes torts, que de l'aigrir par des rigueurs impuiſſantes, & amener de nouveaux malheurs pour notre commerce.

Ce dernier point n'étoit pas à craindre ; car le mal étoit au comble, & le commerce de Syrie anéanti : & c'étoit redouter la douleur pour un corps mort & inſenſible.

Quant à l'utilité des ménagemens, on va juger par l'événement de la juſteſſe des vues de M. de Choiſeul.

Mais, de ce moment, il demeure prouvé contre lui qu'il n'a pas exigé ce que ſa Cour lui avoit ordonné, & ce dont les dépêches réitérées & preſſantes des Négocians exilés lui avoient démontré la néceſſité.

M. de Choiſeul aſſure que des lettres ſecretes ont été écrites au Pacha Dgezar, à l'appui du Firman ; que des meſures particulières ont été priſes par les Capi-Caïaya ; mais que la Porte n'a pas cru de ſa dignité de lui en donner communication. Enfin, il penſe qu'il a placé Dgezar *entre la néceſſité de ſe déclarer ouvertement rebelle, & l'obligation de réparer ſes torts envers la France. Il n'a fait cependant ni l'un ni l'autre.*

Le Firman obtenu, M. l'Ambassadeur écrivit à M. Deligondès, commandant les forces maritimes de France dans le Levant, pour lui donner l'ordre de rallier ses bâtimens, & d'aller prendre à leur bord les Négocians François réfugiés à Jaffe & à Tripoli, pour les conduire à Acre & à Seid.

Il lui envoya copie du Firman que nous avons analysé, *en le laissant juger des points qu'il doit exiger rigoureusement, & de ceux sur lesquels, pour le propre intérêt du commerce, il pourra montrer plus de facilité.*

Il lui annonce, « que les *Cadis* & *Mutsel-*
» *lems* d'Acre & Seid auront reçu du *Pacha*
» les ordres nécessaires pour faire exécuter
» ceux de la Porte : & il l'autorise, si Dgezar
» est parti pour Damas, à s'y rendre, pour
» traiter directement avec lui, si cela est néces-
» saire ».

Telles sont les mesures prises, les ordres donnés par M. de Choiseul-Gouffier : & c'est en conséquence que M. Deligondès se rendit à Tripoli de Syrie, où il arriva vers le milieu du mois de mai 1791.

Il communiqua aux Négocians, avec la copie du Firman, les ordres de l'Ambassadeur, & en conséquence il leur proposa de

les embarquer fur fes vaiffeaux, pour les conduire à Caïffe, & y attendre la fuite des négociations relatives à leur rentrée dans le Gouvernement de Dgezar.

Pour bien juger quelle fenfation dut pro-
duire fur les Négocians François la propofition de M. Déligondès, il faut d'abord fe rappeler quel indigne traitement ils avoient reçu,
& combien l'honneur national leur prefcrivoit
impérieufement de s'en reffentir profondément.

Il faut enfuite comparer le réfultat que
fembloit annoncer le *Firman*, quelque in-
fuffifans qu'il fût avec celui auquel on vouloit les amener. Au lieu des démarches
prévenantes du Pacha, on vouloit les conduire au-devant de lui ; au lieu de leur offrir
pour garant de leur tranquillité la punition de
leurs ennemis, aux termes du Firman, on
vouloit les replacer au milieu d'eux. Au lieu
de leur affurer des dédommagemens pour le
paffé, on vouloit les expofer à des déplace-
mens nouveaux, auffi pénibles pour les per-
fonnes, que préjudiciables aux fortunes, &
fans aucune probabilité du fuccès des événemens ultérieurs.

Il faut enfin favoir ce qui s'étoit paffé, &
comment Dgezar s'étoit conduit depuis l'ex-

pulsion des François de son Gouvernement.

Il avoit voulu faire croire au *Muphti* de Jaffe que les François étoient ennemis de la Turquie, & vouloient s'unir aux Russes pour entreprendre sur la côte de Syrie. Il avoit offert des forces au *Muphti*, afin que la présence de ses agens à Jaffe lui donnât le moyen de persécuter & peut-être de faire assassiner les François.

Il avoit *avanisé* de 12 à 15 cents bourses les Marchands chrétiens de *Baruth* (1), sous prétexte qu'ils appelloient les Corsaires Russes.

Il avoit enjoint au sieur Beraud, Médecin françois, exerçant en paix son art depuis long-temps, de sortir de *Baruth*, ou de payer quinze bourses, ou de se mettre sous une protection étrangere.

Enfin, quoique, depuis la fin d'octobre, il n'y eût plus à Acre un seul François, le besoin de satisfaire son ressentiment avoit porté l'implacable Dgezar à exercer sa fureur jusques sur des objets insensibles. Il avoit fait abattre la coupole de l'Eglise des Religieux de Terre-Sainte.

Il étoit allé plus loin encore ; le mât du pavillon national que la France a le droit d'arborer

____

(1) Petite ville de la Syrie.

dans tous les Etats du Grand-Seigneur, ce figne apparent de la dignité nationale, ce gage de la protection qu'elle affure aux François en Turquie, a été abattu par fes ordres, couvert d'infultes, & le mât qui le portoit brifé, & livré à la populace d'Acre.

Ainfi, au fouvenir pénible du paffé fe mêloit le fentiment des injures préfentes ; car une partie de ces faits étoit récente ; il y en avoit même de poftérieurs à l'arrivée de M. Deligondès.

Qu'on apprécie, d'après cela, quel accueil dut recevoir des François, plus douloureufement affectés de l'injure nationale que des leurs propres, la propofition d'aller au devant du tyran qui les avoit profcrits ; de s'humilier devant celui dont l'infolence avoit profané le pavillon national ; de retourner, en fupplians, près de celui qui, les ayant chaffés comme coupables, s'armeroit enfuite de cette honteufe démarche, pour faire croire qu'ils l'étoient en effet.

Les Régiffeurs de Syrie s'honorent du mouvement d'indignation qui les faifit à la propofition de M. Deligondès : & la raifon, la réflexion ne pouvoient que confirmer le refus qu'ils firent d'abord de le fuivre à Caïffe.

Ils établirent leurs motifs dans une délibé-

ration prife fous les yeux de M. Deligondes.
Ils portent, 1°. fur la difproportion de la réparation ordonnée par le *Firman* avec l'injure faite aux François. 2°. Sur ce que l'infulte
faite au pavillon national à Acre aggravoit
encore les premiers torts de Dgezar. 3°. Sur
l'imprudence qu'il y auroit de la part des Négocians de fe mettre à la merci d'un ennemi
dont ils avoient inutilement tenté de détruire la
puiffance. 4°. Sur ce que Dgezar étoit parti pour
Damas, & devoit aller de là conduire la Caravane de la Mecque ; ce qui laiffoit les François à la merci des freres Sacrouch, leurs plus
implacables ennemis. 5°. Enfin fur ce que le
Miniftre de France avoit ordre de demander
la deftitution de Dgezar, & qu'il devoit tenir
bien plus fortement à ce fyftême depuis l'injure faite à la France elle-même, dont on avoit
outragé le pavillon.

Cette délibération venoit d'être prife & ar-
rêtée à Tripoli, quand M. Deligondes fit paroître, pour la premiere fois, un ordre qu'il
remit à M. Beauffier, Vice-Conful de Seïd,
portant, pour lui & pour le Conful d'Acre,
l'injonction expreffe de fuivre le Commandant
des vaiffeaux du Roi, & de rentrer avec lui
dans leurs Confulats refpectifs.

Etonnés également de l'ordre de l'Ambaffadeur, de la maniere & de l'inftant qu'on choififfoit pour le communiquer, les Négocians recueillirent tout leur courage, en voyant qu'ils étoient abandonnés, fi les Chefs de la Nation retournoient dans le Gouvernement de D'gezar.

En effet, il étoit facile de reconnoître qu'on avoit voulu, en les engageant à rentrer fans que le Pacha eût rien fait pour réparer les outrages qu'il avoit fait effuyer aux François, leur faire fupporter tout le blâme de la démarche, & les mettre dans le cas de n'avoir plus à fe plaindre ni du défaut de réparations, de dédommagemens, ni des nouvelles infultes, des nouveaux malheurs mêmes qu'ils auroient effuyé bientôt, & les auroient forcés de s'éloigner, pour faire place à des fuccelfeurs fans doute favorilés, & peut-être défignés d'avance.

Si au contraire ils refuloient, alors les Confuls, en rentrant fans eux, pouvoient donner le moyen à de nouveaux Négocians de venir prendre, avec les établiffemens des profcrits, tous les avantages de leur commerce : les deux modes conduifoient au même but.

Mais l'inaltérable courage & la fageffe des Régiffeurs ont trompé les calculs qu'on avoit faits. Ils ont refusé de partir, malgré cette nouvelle circonstance. Ceux de Jaffe n'ont pas hésité à penser comme eux ; ils ont, après quelques discussions, laissé à M. Renaudot la liberté de suivre ou non les ordres de l'Ambassadeur : & soit crainte du danger, soit une sorte de pudeur d'abandonner des hommes que sa mission étoit de protéger, il n'est pas parti de Jaffe.

Cependant M. Deligondès, forcé par le vent du sud de quitter la rade de Jaffe, alla mouiller à Caïffe, emmenant avec lui M. Simian, Drogman du Consul de Tripoli, destiné à être employé aux négociations, s'il s'en ouvroit.

Alors Dgezar n'étoit plus à Acre ; alors nulle nouvelle n'avoit pû lui parvenir que de Constantinople.

Cependant le Drogman, qui étoit venu avec M. Deligondès, ayant débarqué à Caïffe, y prit connoissance d'un *Bouyourdi*, adressé au *Mutsellem*, qui y réside.

Par cette dépêche, le Pacha annonce « qu'il » se rendra à Caïffe deux bâtimens du roi de » France, ayant à bord un *Capidgi-Bachi*, un » Consul, une Nation françoise. Il demande » qu'on lui envoie sur le champ le *Capidgi-* » *Bachi*, & le Drogman du Consul. Il or-
» donne

» donne qu'on rende tous les honneurs au Ca-
» pidgi Bachi ».

On se demande, après avoir lu, quel moyen avoit eu Dgezar pour s'instruire de ce dont sa lettre annonçoit la connoissance ; & en rapprochant les faits, on se dit à soi-même qu'il est bien étrange que les notions que suppose le *Bouyourdi* cadrent aussi parfaitement avec les ordres de l'Ambassadeur : & on tire les conséquences que nous allons présenter.

On se dit : Dgezar, Pacha, attendoit un Capidgi - Bachi, qui devoit être porteur du Firman. Cet Officier de la Porte n'est pas venu. Donc il est douteux si le Firman est parvenu à Dgezar.

Il attendoit un Consul & une Nation françoise. Donc il savoit que la Nation & le Consul recevroient ordre de venir, sans avoir reçu aucune satisfaction préalable. Donc Dgezar a des intelligences jusques dans le Secrétariat de l'Ambassade de France à Constantinople, dont quelque *agent* sans doute lui révele le secret.

Donc Dgezar comptoit voir la Nation ex-pulsée par lui, venir, lâchement humiliée, au-devant des réparations, qu'il avoit même l'insultant orgueil de ne pas lui offrir, puis-

(50)

qu'il ne donnoit aucuns ordres sur la maniere de l'accueillir, & ne destinoit des égards ou les honneurs qu'au seul Capidgi-Bachi.

Cependant la sage fermeté, le refus des Négocians trompent les instructions données à Dgezar. Quand il est instruit par le *Mutsellem* de Caiffe, il ordonne, par un nouveau *Bouyourdi*, qu'on lui envoie le *Drogman* avec une escorte.

M. Deligondès crut sans doute qu'il l'exposeroit trop, en cédant à ce vœu du tyran; il repartit sans communiquer avec lui en aucune maniere, & sans envoyer à Damas le *Drogman* qu'il avoit demandé. Il revint à Jaffe.

Là, il reçut une dépêche de M. l'Ambassadeur, qui, d'après les lettres qu'il avoit reçues depuis l'expédition du Firman, prévoyoit l'impossibilité du succès, engageoit M. Deligondès à correspondre directement avec le Ministere de France, & le laissoit libre de prolonger son séjour à la côte de Syrie.

Cependant M. Deligondès partit sans se concerter avec les Négocians, & malgré leur priere de rester en croisiere dans les parages, pour les protéger, il les laissa à la merci de leur persécuteur.

Il étoit impossible que ces événemens ne nuisissent pas infiniment à la considération dont les François avoient besoin pour rester dans les lieux de leurs refuges, dans les contrées malheureuses où la tyrannie est toujours injuste & cruelle, quand elle croit pouvoir l'être impunément. Aussi les Négocians retirés à Tripoli furent-ils exposés aux plus mauvais traitemens de la part du Pacha, pour n'avoir pas voulu lui prêter vingt bourses (1), que le mauvais état de leurs affaires ne leur permit pas de rassembler.

Ils réclamerent encore près de l'Ambassadeur, *qui en attendant*, dit il, *qu'ils voulussent rentrer dans leurs établissemens*, leur envoya un Firman adressé au Pacha & au Cadi de Tripoli, pour leur enjoindre de protéger les François retirés chez eux.

Il est bien étrange que M. de Choiseul se soit permis, par des expressions de sa lettre, d'insulter, pour ainsi dire, aux malheurs de ses compatriotes.

En attendant qu'ils veuillent rentrer dans leurs établissemens ! Et c'est après avoir acquis la

______

(1) La bourse est une *monnoie de compte* orientale. Elle vaut 1500 l. tournois.

certitude que Dgezar avoit bravé les ordres de la Porte, en supposant qu'il les ait reçus ; c'est après la connoissance des outrages faits au pavillon national ; c'est au moment où le Brik de la Nation françoise, l'*Alerte*, commandé par M. Danjard, venoit d'être chassé de Seid par le *Mutsellem*, Osman-Chaoux, chargé des ordres de Dgezar, que M. de Choiseul supposoit qu'il ne manquoit aux François que *la volonté* de rentrer dans leurs établissemens.

Mais il auroit dû, s'il ne vouloit pas être *juste*, être du moins conséquent. Il n'auroit pas dû oublier que lui-même, en proposant à la *Nation* & au *Consulat* François de retourner à Seid & à Acre, comptoit qu'ils y seroient engagés par le Pacha, & par l'exécution des ordres de la Porte. Dans une lettre à M. Renaudot, du 23 février 1791, il s'en expliquoit dans ce sens, quand il lui disoit : « Vous aurez sans doute vu effectuer une par-» tie des promesses de la Porte, par les *avances* » *& les regrets* que vous aura fait transmettre » Dgezar » : & c'est lorsqu'au lieu d'*avances & de regrets*, le féroce Pacha n'a fait parvenir que de nouvelles insultes, que des outrages plus graves que les premiers, que M. de Choiseul suppose que *la volonté* seule des Régis-

feurs les éloigne du Gouvernement de Dgezar.
Cette feule circonftance dévoile, nous ofons le
dire, toute la malveillance de l'Ambaffadeur.

Elle éclate d'une maniere plus frappante
encore dans fa correfpondance ultérieure. Il
paroît qu'il s'étoit fait un plan de perfuader
en effet, foit à la chambre du commerce de
Marfeille, foit au miniftre, que c'eft unique-
ment par leur faute & leur mauvaife volonté
que les régiffeurs ne font pas rentrés à Acre
& à Seid.

Dans fa lettre du 12 juillet à la chambre
du Commerce, il dit, « qu'il étoit informé
» d'avance que quelques démarches que pût
» faire Dgezar Pacha, les Régiffeurs étoient
» réfolus de ne pas retourner à Acre ». Et
par cette affertion il veut perfuader que c'eft
la connoiffance de cette difpofition qui a em-
pêché Dgezar de faire aucune avance aux
François.

Il paroît, par les lettres de M. Thevenard,
que c'eft dans le même efprit que M. de Choifeul a correfpondu avec lui, & qu'il a reproché aux Négocians tout le mauvais fuccès de
la démarche de M. Deligondès, tandis que
c'étoit évidemment à la foibleffe même de la
démarche, à la méfquinerie des mefures, &

à la persévérante obstination de Dgezar qu'il falloit tout attribuer.

Une autre remarque naît encore de la correspondance de M. Thevenard ; c'est que sans doute M. de Choiseul ne l'a pas instruit de l'insulte faite à Acre au pavillon françois ; autrement le Ministre n'auroit pas manqué de relever cette importante circonstance, qui seule & indépendamment des autres, auroit suffi pour motiver, de la part de la France, la demande d'une punition sévere. Et quels reproches n'est-on pas en droit de faire à un Représentant de la France dans une Cour étrangere, qui dissimule près d'elle, & tait à sa propre Cour les outrages que reçoit l'honneur national.

Cependant il ne pouvoit se dissimuler que la conduite de Dgezar fût extrêmement coupable, ni se refuser à faire de nouvelles démarches pour obtenir sa punition, sans se compromettre gravement lui-même.

Aussi écrivit-il en juillet 1791 à M. Leydet, Consul à Tripoly ; à M. Beaussier, Vice-consul de Seïd, à la chambre du Commerce, qu'il avoit fait de nouvelles démarches, & avoit obtenu une conférence avec le *Reïs*

(55)

Effendi & le *Beïliktchi*, en préfence du *Ca-dilesker* de Romelie.

En rendant compte de fes détails, il rapporte une propofition faite, dit-il, par le *Réis-Effendi*, pour que *l'on fît remplacer par de nouveaux individus les Négocians d'Acre qui avoient mis au moins peu de mefure dans leur conduite.* Nous reviendrons fur ces ex-preffions, à la fuite defquelles l'Ambaffadeur annonce qu'après avoir écarté cette demande du Réis-Effendi, il a obtenu de lui « la pro-
» meffe qu'on mettroit fous les yeux de Sa
» Hauteffe le procès-verbal de cette confé-
» rence ; mais qu'il croyoit pouvoir affurer
» que la France feroit fatisfaite, & que Dgezar
» Pacha, à fon retour de la Mecque, feroit
» châtié miniftériellement ».

Le fucceffeur de M. Thevenard au minif-tere de la Marine, M. Bertrand, s'étoit con-certé avec le Miniftre des affaires étrangeres pour enjoindre à M. de Choifeul d'exiger de la Porte la deftitution de Dgezar ; enfin l'ef-poir d'une fatisfaction tardive, mais éclatante, commençoit à naître dans l'ame des Majeurs & Régiffeurs de Syrie, lorfqu'au mois de janvier dernier, on a fu enfin à quoi ont abouti les promeffes de M. l'Ambaffadeur.

D 4

La parole du Réis-Effendi *de faire châtier Dgezar ministériellement*, a été oubliée ou écartée, & on s'est borné à l'expédition d'un nouveau *Firman* confirmatif des dispositions du premier que nous avons analysé, conçu en termes énergiques, & terminé par un *hatti-scherif* ou ordre écrit en entier de la main du Grand-Seigneur, & qui est à la vérité l'acte le plus fort de la puissance souveraine réunie à la puissance religieuse.

Ce commandement impérial fut remis au *Hodgeaghian-Mehemed-Emin-Effendi*, pour être porté par lui au Pacha.

En faisant part de la détermination de la Porte à M. Renaudot, M. de Choiseul lui annonce formellement l'impossibilité d'obtenir la destitution de Dgezar, & lui donne divers ordres, qui anéantissent tout l'effet du *Firman*.

Ce *commandement* ordonne, 1°. la punition des instigateurs auxquels les François ont reproché d'être cause de leurs malheurs; 2°. des dédommagemens. Eh bien, M. de Choiseul prescrit au Consul de céder ces deux points, si le *Hodgeaghian* donne une garantie de la tranquillité à venir des François.

A ces seules conditions, l'Ambassadeur ordonne *formellement* à M. Renaudot « d'aller

» établir son consulat à Acre, d'y appeler
» MM. les Négocians, de s'y rendre malgré
» leur refus, & d'y assurer par sa présence
» *la tranquillité de ceux qui iront exploiter*
» *le commerce de Syrie* ».

Il est à remarquer que cette fois les régisseurs de Seid & d'Acre, réfugiés à Tripoly &
Jaffe, ne reçurent aucune nouvelle de l'Ambassadeur, qui dédaigna de les informer directement de ce qu'il avoit fait.

Cependant on a appris par des voies indirectes quel a été l'issue de la négociation du
Hodgeaghian. Il s'est rendu à Acre. On ignore
s'il a remis à Dgezar Pacha le commandement
impérial ; ce qu'on sait, c'est que son séjour
à Acre a été de courte durée, & qu'il est reparti, sans communiquer avec les François,
sans remettre même à M. Renaudot une lettre
de l'Ambassadeur, qui ne lui est parvenue que
parce que le *Drogman* de Tripoly, instruit
sans doute de son existence, l'a réclamée, retirée, & fait parvenir.

Tel est, en ce moment, l'état *connu* des affaires de Syrie, relativement aux Négocians
exilés.

Une seule circonstance nous reste à rapporter, & elle est propre à jeter un grand jour
sur les autres,

Dans le temps à peu près que M. de Choiseul follicitoit & obtenoit la promeſſe du Réis-Effendi de faire *punir miniſtériellement* Dgezar à ſon retour de la Mecque, le fils d'un Négociant françois de Conſtantinople arrivoit à Acre. Il étoit ſans doute recommandé à l'avance, & de maniere à ne pas craindre pour lui les infames traitemens dont le Pacha avoit juſques alors accablé tout ce qui portoit le nom françois.

Arrivé en droiture chez le *Mutſellem*, cet officier lui donna une forte eſcorte pour le conduire au *Mézerib*, lieu diſtant de Damas d'environ trois journées en entrant dans le déſert.

On obſervera, ſi l'on veut, que c'eſt à cette époque que M. de Choiſeul-Gouffier prétendoit que *Dgezar Pacha* étoit *très-affeſté de la chaleur de ſes démarches contre lui*; que M. Dalmas (c'eſt le nom du Négociant de Conſtantinople) ne pouvoit pas ignorer l'état des affaires de France en Syrie; que conſéquemment il ne pouvoit avoir haſardé une telle démarche ſans l'aveu & les ſecours de l'Ambaſſadeur.

On remarquera que ces conjectures deviennent des vérités pour ceux qui connoiſſent la

vif intérêt que M. de Choiseul a toujours pris
& manifesté pour les opérations commerciales
de la maison *Dalmas*.

On observera ensuite que le jeune Dalmas
n'a eu aucunement à se plaindre de l'accueil
du Pacha & de ses procédés.

Il est probable même qu'il a eu extrêmement à s'en louer alors, & qu'il en a dû recevoir au moins des promesses très-satisfai-
santes, si on en juge par ce qui s'est passé
depuis.

En effet, le sieur Dalmas est retourné à Constantinople, puis est revenu à Acre, précédé par
le sieur Martin, ancien Capitaine au service de
MM. Lazare Dalmas & compagnie, parti de
Marseille avec une cargaison dont il étoit le
gereur.

Ils ont établi à Acre une maison de commerce sous la raison de *Martin Dalmas &
Compagnie*. Ils y occupent une maison appar-
tenante à un des Négocians exilés, & que le
Pacha, qui s'en étoit emparé, leur a accordée;
ils ont formé à Seïd un pareil établissement, &
ne rougissent pas de consommer, par cette hon-
teuse démarche, l'avilissement du nom François dans les Echelles de Syrie, & la ruine
de leurs compatriotes.

Qu'on veuille bien se souvenir à présent de tout ce que l'Ambassadeur de France à Constantinople a fait pour empêcher le retour des François à Acre & à Seid, de tout ce qu'il a négligé de faire pour les y ramener honorablement & utilement pour la France & pour eux.

On lui ordonne du conseil du Roi de demander la destitution de Dgezar lors des premieres insultes. Il ne le fait pas.

Il ne peut se dispenser de solliciter, d'obtenir un premier Firman ; mais il ne fait rien pour en assurer l'exécution ; il laisse en problême de savoir si jamais Dgezar l'a reçu.

Il tend évidemment un piége aux Négocians par la conduite qu'il prescrit à M. Deligondès ; & cette conduite, la proposition de mener les François dans le *Pachaly* de Dgezar sans aucune assurance de ses dispositions, ou plutôt avec la presque certitude qu'elles n'étoient pas changées, étoit déterminée par le désir de les voir refuser, & l'espérance de décider alors le Consul à y aller sans eux, afin d'y faire faire par d'autres, par des protégés, des établissemens nouveaux.

On jugera de la précision des ordres & instructions donnés sur ce point à M. Deligondès, lorsqu'on verra comment le commandant insistoit pour faire partir M. Renaudot pour Acre, *afin*, disoit-il, *dans une lettre du 22 août, d'y protéger les François qui arriveroient à Acre.* Et ceci s'écrivoit peu après la démarche du sieur Dalmas près du Pacha, peu avant l'arrivée du sieur Martin à Acre.

Quand les Négocians ont rendu vaine l'embûche qu'on avoit dressée sous leurs pas, l'Ambassadeur travaille à les noircir près du Ministere de France & de la chambre du commerce, & cherche à faire croire, par ses lettres écrites en juillet 1790, qu'il n'avoit tenu qu'à eux de rentrer dans leurs Echelles, & qu'ils s'y étoient refusés.

Mais la Chambre du commerce & les Majeurs approuvent les Régisseurs & forment de nouvelles réclamations; & M. de Choiseul, *forcé* par sa position, *forcé* par les ordres du Ministre, *forcé* par les nouveaux faits que les Négocians de Syrie lui avoient articulé, tels que l'insulte faite au pavillon national, fait enfin de nouvelles démarches, & transmet de nouvelles promesses de la Porte & de ses Ministres.

Dans l'intervalle de ces promesses, à l'époque possible de leur réalisation, le sieur

Dalmas fils revient à Constantinople, après
avoir conféré avec le Pacha, après avoir très-
probablement pris des arrangemens avec lui.
Il est impossible de douter que M. l'Ambassadeur ait sû le résultat de cette démarche ; c'est
à l'époque où il le connoit que ses promesses
auroient dû s'effectuer, & elles ne se réalisent
plus.

Ce n'est plus de la *punition ministérielle* de
Dgezar qu'on parle ; le *Firman*, le *Hatti scherif*
qu'on obtient n'énoncent que celle de ses con-
seillers, avec des dédommagemens à accorder
aux François.

Et comme si c'eût été trop encore, l'Ambassadeur ordonne au Consul de céder ces
deux points, pour des promesses, pour une
garantie du *Hodgeaghian*, que les François
ne seront point inquiétés. Et en cas de refus
des Négocians d'accéder à ce honteux, autant
que dangereux arrangement, il lui ordonne
de les abandonner, de se rendre sans eux à
Acre, & d'y protéger les nouveaux commer-
çans qui s'y rendront.

Ainsi M. de Choiseul *trahit*, le mot n'est
pas trop fort, l'honneur national qu'il feint
de défendre. Il ne parle pas à la Porte, il ne
parle pas à sa cour de l'outrage fait au pa-

villon françois; il n'en est rien dit dans le *Firman* ni dans le *Hatti-scherif*; les faits y sont
altérés ou dissimulés, la réparation insuffisante,
& l'Ambassadeur ordonne encore au Consul
d'y renoncer.

Sans doute que la conduite, & les discours
de M. Choiseul à Constantinople avoient appris combien il seroit peu sévere dans l'exécution des dispositions du Firman; sans doute
Dgezar avoit reçu, ou par M. Dalmas, ou
par toute autre voie, l'assurance qu'il pouvoit être désobéissant impunément; sans doute
les ordres donnés au *Hodgeaghian-Emin-Ef-
fendi* étoient peu pressans, puisqu'il est re-
paru presque sur le champ sans correspondre
avec les François, sans faire faire au Pacha
aucun acte de justice en leur faveur.

C'est alors qu'une maison de Constantinople, connue pour avoir des rapports étroits
avec M. l'Ambassadeur, pour être protégée
par lui avec autant de zele & de chaleur *que
s'il étoit associé à ses opérations*, forme un
établissement à Acre, s'approprie lâchement
les dépouilles de ses compatriotes, caresse le
despote qui les opprime, & s'empare des débris de leur commerce.

Nous l'avouerons, chacun des Négocians

s'est dit à lui-même : « Si j'avois été repré-
» sentant de la France près du Grand - Sei-
» gneur, & que j'eusse voulu défendre, sau-
» ver Dgezar, éloigner les François des Echel-
» les d'Acre & Seid, & y placer des Négo-
» cians intéressés avec moi, qu'aurois-je fait?

» J'aurois essayé d'abord de persuader que
» les François de Syrie avoient des torts en-
» vers Dgezar pour atténuer les siens envers
» eux.

» J'aurois exagéré la difficulté d'obtenir jus-
» tice du Pacha.

» Forcé d'agir par un devoir impérieux, je
» n'aurois obtenu qu'un *Firman* foible, & où
» les torts du Tyran seroient affoiblis, dissimu-
» lés, les réparations peu étendues.

» J'aurois souffert que la réalité de son en-
» voi à Dgezar fût un problème ; j'aurois
» chargé un Commandant des vaisseaux de la
» Nation de reconduire les Négocians dans le
» *Pachali* de Dgezar avant qu'on sût s'il avoit
» reçu le Firman, avant qu'il l'eût exécuté du
» moins ; j'aurois dit : les Négocians, s'ils obéis-
» sent, seront à lamerci de leurs oppresseurs,
» & bientôt victimes de la haîne, ou forcés d'en
» éviter les effets par la fuite ; s'ils désobéissent,

je

» je les chargerai du blâme; le Conful feul ira à
» Acre, & mes Négocians protégés l'y fuivront.

» Si le projet ne réuffit pas ; fi de nouvelles
» atrocités de Dgezar, & l'afcendant d'une
» marche droite & loyale fur une conduite
» tortueufe & équivoque déjoue mes calculs ;
» fi je fuis forcé d'agir de nouveau près de la
» Porte, je promettrai d'abord la punition de
» Dgezar, au nom des Miniftres du *Divan*.
» Puis, je dirai qu'ils ont manqué à leur pa-
» role ; je pallierai l'outrage fait au pavillon
» François, & je me contenterai d'un *Firman*
» à peu près femblable au premier, revêtu à la
» vérité, d'un *Hatty-Scherif*, mais dont il fera
» convenu qu'*Emin-Effendi*, porteur, n'exi-
» gera pas l'exécution, fi Dgezar s'y refufe ;
» ou dont les difpofitions feront éludées par
» des négociations que j'ordonnerai au Conful
» de faire, fi Dgezar veut les entamer.

» Je puis compter, d'après cela, que les
» Négocians de Syrie, qui ont montré de
» l'honneur & du courage, ne rentreront pas
» dans leurs Echelles. Alors M. Dalmas, qui
» s'eft déjà abouché avec Dgezar, ira à Acre
» former un établiffement immenfe : car il en-
» vahira le commerce des onze Régiffeurs.
» Peut-être mes liaifons avec la maifon Dal-

» mas, combinées avec les autres circonf-
» tances de ma conduite, feront - elles naître
» quelques foupçons, malgré l'adreffe de ma
» marche. Mais j'ai du crédit, je les écarterai ;
» j'aurai fauvé *le riche Dgezar*, qui fera fans
» doute *reconnoiffant* ; j'aurai *fervi la maifon*
» *Dalmas*, *qui ne fera pas ingrate.*

» Il eft vrai que l'honneur du pavillon Fran-
» çois fera compromis ; que la Nation que je
» repréfente fera de nouveau accablée d'ou-
» trages dans le Levant, parce qu'on lui aura
» vu dévorer, fans réparation, ceux de l'au-
» dacieux Dgezar ; mais au milieu de l'agita-
» tion, inféparable d'une révolution, cette cir-
» conftance échappera peut-être au Miniftere &
» à l'Affemblée Nationale.

Voilà, penfoit chaque Régiffeur de Syrie,
voilà ce que j'aurois fait.

Il eft bien étonnant que cette marche foit
celle qu'a tenue M. l'Ambaffadeur, & notre
refpect pour fa perfonne & pour fes fonctions,
peut feul empêcher nos foupçons de s'attacher
à lui, quand tant de probabilités s'uniffent à
des preuves pour les faire naître.

C'eft au Roi, c'eft à l'Affemblée Nationale
à examiner la conduite de M. de Choifeul ;
c'eft aux Repréfentans électifs & héréditaires

du Peuple François à juger si celui - là est
digne d'être Délégué de la Nation chez des
Peuples voisins, qui laisse outrager impunément, & en silence, la dignité nationale, le
pavillon, le signe qui représente à la fois sa
puissance & sa liberté ; qui n'exécute pas les
ordres de sa Cour, portant l'injonction d'exiger la destitution de Dgezar ; qui laisse enfin
gémir dans l'exil, & sous l'oppression *une
nation entiere*, chassée honteusement de ses établissemens (1).

Les *Majeurs*, & *Régisseurs* de Syrie ne se

---

(1) M. de Choiseul prétend qu'il est impossible d'obtenir la destitution d'un Pacha. Le fait qui suit lui prou-
vera le contraire.

En 1766, un Corsaire Maltois s'empara, à la vue
de Seid, d'un bateau du pays, chargé de marchandises
appartenantes aux François qui y résidoient. Le bateau
& les marchandises furent renvoyés, mais le Corsaire
mit l'équipage aux fers, pour en retirer une rançon,
suivant l'usage. Cet événement occasionna un souleve-
ment dans la ville. Le peuple se porta en foule devant
le Serrail, en criant que les François s'entendoient avec
les Corsaires, & qu'il falloit les forcer à prendre les
mesures les plus promptes pour le renvoi des Esclaves
Mohammet, Pacha, gouvernoit alors Seid. Il manda
le Drogman de la Nation au Serrail, & lui fit appliquer la bastonade, pour donner quelque satisfaction à

permettront pas d'émettre un vœu sur ce point ; & , partant des faits qu'ils ont établis, ils vont se borner à présenter leurs justes réclamations.

Il est constant que, depuis près de deux ans, ils sont exilés du siége de leur commerce ; qu'aux désagrémens personnels se sont joints des pertes réelles, résultantes, 1°. des frais de leur déplacement ; 2°. de la dépérition de leurs habitations ; 3°. de l'anéantissement de leur commerce dans les Echelles de Seid & Acre ; 4°. de la perte de leurs créances sur les Habitans du Pachali de Dgezar.

Que la Nation françoise poursuive près de

---

la populace. Le Consul porta des plaintes à Constantinople ; & quoique Mohammet, Pacha, y jouît d'une grande considération, il fut tout de suite dépossédé de son Pachali , exilé dans une Province reculée de l'Empire , & il ne dut la conservation de sa vie qu'aux présens qu'il fit aux Drogmans de Constantinople , pour arrêter les poursuites , & pour qu'on se bornât à cette satisfaction. Nommé , quelques années après , au Pachali de Damas, Mohammet, Pacha, a eu jusqu'à la mort, arrivée en 1783 , les plus grands égards pour les François , & leur a accordé la protection la plus efficace , lorsqu'ils ont eu recours à lui à la suite des relations d'affaires que les Négocians de Seid & d'Acre ont dans cette Capitale.

la Porte, comme elle le jugera convenable à sa dignité, l'insulte qui lui a été faite par le Pacha de Syrie; elle seule est le juge, l'arbitre de ce qu'il lui convient de faire à cet égard.

Mais vis-à-vis des Négocians expulsés, elle a un devoir de justice rigoureuse à remplir.

En effet, *le but de toute association politique*, dit la déclaration des droits de l'homme, *est la liberté, la propriété, la sûreté*. Le citoyen doit donc trouver ces trois avantages, non seulement dans *la Patrie* qu'il a choisie, mais encore dans tous les lieux où il va, sur la foi du Gouvernement. Dans tous les parages, sur toutes les mers, dans toutes les contrées où son industrie va s'exercer, où son intelligence va se développer, où son esprit va s'éclairer, sur l'assurance de la protection que lui doivent les forces réunies de la société.

Ce n'est pas une protection stérile ou impuissante; ce ne sont pas seulement de vains efforts, des tentatives infructueuses, pour obtenir justice aux Membres de la société que le corps social leur doit; c'est une protection active & efficace, qui fasse jouir tous les citoyens, en quelque lieu de l'Europe, ou du monde connu qu'ils foient placés, de la libre difpofition de leurs propriétés, felon les *conventions* exiftantes entre l'Etat dont ils font membres, & celui dans lequel il fe trouve.

En un mot, le Gouvernement, *dans l'étendue de l'Empire*, doit à chaque individu l'exécution des lois, garantes *de fa liberté, de fa sûreté & de fa propriété* ; il doit également, *chez les Puiffances étrangeres*, l'exécution des ftipulations, des traités, qui affurent la jouiffance de ces trois premiers biens de l'homme civilifé.

Si, *dans l'Empire*, l'injuftice ou la violence tentent de l'en dépouiller, les Tribunaux prononcent, & la force publique protège la réparation.

Si, *chez l'Etranger*, les individus ou les autorités violent les conventions établies entre les deux Puiffances, l'individu lézé ne peut plus citer à un Tribunal l'attentat dont il eft victime. Il le dénonce à l'affociation dont il eft membre.

Alors, elle a trois partis à prendre. *Le premier*, de folliciter & d'obtenir, par des négociations faites en fon nom, la réparation du son fait à un des affociés. *Le fecond*, de l'exiger, & de l'arracher par la force des armes, fi elle en a les moyens. *Le troifieme*, de donner elle-même à ceux qu'elle ne peut pas protéger *efficacement*, le dédommagement du tort qu'ils ont fouffert, foit dans leur perfonne, foit dans leurs biens.

Ces principes, puifés dans l'éternelle juftice, ont été confacrés de la maniere la plus folennelle par l'Affemblée conftituante. Deux vaiffeaux, appartenans à des Armateurs françois de Dunkerque & de Marfeille, furent pris, au mépris de nos traités, par les Algériens : une conteftation momentanée entre cette Puiffance barbarefque & la France, en fut l'occafion & la caufe. La difcuffion fe termina, & les bâtimens ne furent pas rendus. L'intérêt public engagea la France à ne pas l'exiger.

Mais l'Affemblée Nationale & le Roi fentirent qu'il étoit jufte d'appliquer alors le principe, *que nul ne peut être privé de fa propriété fans une jufte & préalable indemnité* : & les Armateurs obtinrent un dédommagement proportionné à leurs pertes.

La pofition des Négocians, faifant le commerce de Syrie, donne lieu à l'application des mêmes principes qui ont guidé l'Assemblée constituante.

Ils exploitoient un commerce important, utile, précieux pour l'Etat ; ils s'y livroient sur la foi des *capitulations* existantes entre la Porte & la Cour de France.

Tout-à-coup un ordre inique, arbitraire les arrache à leurs établissemens, & les jette dans un exil pénible, loin de leurs affaires, qui se perdent ; loin de leurs créanciers, qui ne les payent plus ; loin de leurs maisons, dont on s'empare.

L'Ambassadeur de France à la Porte réclame justice : soit que les torts viennent de lui, soit qu'ils procèdent du *Divan* lui-même, ou de la désobéissance de Dgezar : l'effet est égal pour les Négocians de Syrie. Ils n'obtiennent pas des dédommagemens ; les capitulations sont violées ; & le Pacha qui les a enfreintes conserve sa puissance, ses richesses : l'état de souffrance & de malheur se prolonge pour les opprimés.

Cependant il faut que le Gouvernement François choisisse ; il faut qu'il agisse efficacement près de la Porte, pour en obtenir justice en faveur des Négocians de Syrie, ou qu'il leur fasse payer, d'après une juste évaluation, les

Indemnités qu'ils font en droit de prétendre.

Elles font confidérables ; car on fent combien doivent être étendues les pertes de onze établiffemens, dont les Chefs, obligés de fuir avec leurs Agens & leurs familles, forcés de fe fauver à la hâte, ont laiffé dans les Echelles, toutes les avances faites par eux, à recouvrer, indépendamment des avaries qu'ont effuyé leurs marchandifes dans le tranfport, & des frais immenfes de déplacement.

Mais à quelques fommes qu'elles s'élevent, d'après une jufte appréciation, l'Affemblée Nationale eft trop jufte pour ne pas fentir qu'elle acquittera, en les payant, une dette légitime, facrée, inconteftable.

C'eft fur ces motifs que les Négocians de Marfeille, faifant le commerce de Syrie, concluent à ce que,

L'Affemblée Nationale charge le Pouvoir exécutif de faire négocier efficacement auprès de la Porte, *dans un délai fixé*, pour obtenir, 1°. la deftitution de *Dgezar, Pacha* de Syrie & de Damas ; 2°. l'indemnité des pertes fupportées par les Régiffeurs & Majeurs de Syrie, à l'occafion & par fuite de leur injufte expulfion des Echelles de Seïd & d'Acre ; 3°. l'affurance nouvelle de la protection du Gouver-

nement Impérial, aux termes des Capitulations, pour les établiffemens françois dans les
Echelles.

Et en cas que, *dans le délai fixé*, ces demandes ne foient pas accordées par la Porte, or-
donner que, fur les Mémoires qui feront remis
par les Négocians de Syrie, vérifiés par l'Adminiftration centrale du commerce, & mis
enfuite fous les yeux de l'Affemblée, il fera
accordé une indemnité proportionnée aux pertes que les François ont effuyées, par fuite de
la violation des capitulations entre la Turquie
& la France ; & de leur expulfion d'Acre & de
Seid.

Telles font les demandes que préfentent des
Citoyens qui auroient eu le courage de dévorer
leur injure perfonnelle, de fupporter leurs immenfes pertes, fi la Patrie avoit pu gagner à leur
réfignation, ou s'enrichir de leur appauvriffe-
ment & de leur ruine ; mais ils ont été plus vivement affectés de leur pofition, quand l'outrage fait au nom François, l'aviliffement où il
tomberoit dans le Levant, fi on ne le vengeoit
avec éclat, font venus aigrir le douloureux fentiment de leurs malheurs individuels.

Ils l'avouent même, en finiffant, la jufte
indemnité qu'ils follicitent, ils l'obtiendroient,

ils la recevroient encore avec douleur, si elle n'étoit précédée des réparations que l'honneur national offensé a droit d'exiger, & auquel leur patriotisme leur fait attacher autant & plus de prix, qu'au succès de leurs réclamations personnelles.

Signé J. B. Croze-Magnant, *Députe extraordinaire à Paris.*

Regnaud de Saint-Jean d'Angely, *Défenseur officieux.*

De l'imprimerie de Demonville, rue Christine.

www.ingramcontent.com/pod-product-compliance
Ingram Content Group UK Ltd.
Pitfield, Milton Keynes, MK11 3LW, UK
UKHW021444090726
13657UKWH00003B/1192